AF276749

EDICIONES POPULARES

FRANCISCO CERRO CHAVES
Arzobispo de Toledo
Primado de España

El día después

La alegría de Jesús permanece
después de la Confirmación

FONTE
GRUPO EDITORIAL

EDITORIAL
MONTE CARMELO

© 2021 by Francisco Cerro Chaves
© 2021 by Grupo Editorial Fonte
P. del Empecinado, 1; Apdo. 19 – 09080 – Burgos
Tfno.: 947 25 60 61; Fax: 947 25 60 62

www.montecarmelo.com
www.grupoeditorialfonte.com
editorial@grupoeditorialfonte.com

ISBN: 978-84-18303-48-7
Depósito Legal: BU-58-2021

Impresión y Encuadernación:
Grupo Editorial Fonte – Burgos
Impreso en España. Printed in Spain

CONTENIDO

PRÓLOGO de *José Zarco Planchuelo* 7

LA ALEGRÍA DEL EVANGELIO 11

DECÁLOGO PARA EL DÍA DESPUÉS (10 palabras claves) 12

  I. NO SE PUEDE SER CRISTIANO SIN CRISTO 13

  II. NO SE PUEDE SER CRISTIANO SIN LA IGLESIA 23

  III. NO SE PUEDE SER CRISTIANO
     SIN UN AMOR QUE NO SE HAGA PERDÓN 31

ORACIÓNES PARA EL DÍA DESPUÉS 43

UNA PEQUEÑA REFLEXIÓN
  PARA CADA DÍA DE LA SEMANA 58

EPÍLOGO de *David Sánchez Ramos*
  BIENVENIDOS A LA PASTORAL JUVENIL 65

PRÓLOGO

Queridos jóvenes:

Tengo la satisfacción de dirigirme a vosotros prologando este precioso escrito de nuestro querido Arzobispo, don Francisco. En los Hechos de los Apóstoles cuenta san Lucas, evangelista, lo que hizo el Espíritu Santo en los apóstoles y en aquellos primeros cristianos. A este libro del Nuevo Testamento se le ha llamado *"el Evangelio del Espíritu Santo"*. En el capitulo 4, versículo 42, nos dice un secreto de la vitalidad de aquella primitiva Iglesia y también un secreto para los cristianos de hoy: *"Perseveraban en la enseñanza de los apóstoles* (Palabra de Dios y enseñanza de la Iglesia)*, en la comunión fraterna* (comunidad)*, en la fracción del pan* (Eucaristía) *y en las oraciones".* La primera palabra es la esencial: *"perseveraban".* Sobre esto va la perla que es este libro, *"El día después".*

¿Cómo perseverar y que no se quede la confirmación en nada más que en un recuerdo bonito del pasado? Es un don de Dios, un regalo inmenso que el Señor os quiere regalar. Apreciadlo, estad abiertos para recibirlo, orad y utilizad este material que nuestro Obispo os regala desde el *"día después"* de haber recibido el sacramento de la Confirmación. Son las columnas de vuestra perseverancia, los cimientos, las raíces, los fundamentos, los medios para seguir adelante. Que no os ocurra como aquel que hizo un viaje muy largo y no pudo llegar al final porque se quedó sin gasolina. Vosotros id adelante con la fuerza del Espíritu, con el fuego del Espíritu junto con toda la Iglesia (nadie puede caminar solo) y con los medios que el Señor pone en vuestro camino para tener "gasolina" –empezando por la oración y la Eucaristía– para este viaje que es vuestra vida. Como dice don Francisco: para que "la alegría de Jesús permanezca después de la Confirmación". Felicito a nuestro pastor y obispo por interesarse –y mucho– por vuestra perseverancia.

Os felicito de corazón por haber recibido el sacramento de la Confirmación y pido al Espíritu del Señor que os siga haciendo crecer como discípulos misioneros de Cristo y con la preciosa ayuda del *"día después"* que ya tenéis en vuestras manos. Que santa María de Pentecostés, san José y los santos apóstoles intercedan por vosotros.

José Zarco Planchuelo
Delegación Diocesana de Catequesis de Toledo

Este libro para ti, "El día después", quiere ser un amigo que te acompañe a partir de ahora en todos los momentos de tu vida para ayudarte a ser cristiano, siempre, con la alegría del Evangelio.

Llévalo contigo, ponlo en tu mesilla de noche para leer todos los días un rato, llévalo en el bolso, en la mochila. Utilízalo tantas veces como necesites. Te dará pistas para el camino. Te ayudará a vivir la vida con los ojos del color de la esperanza. Tendrás puestos los pies en el suelo y el corazón en el amor de Dios, que nunca pasa de moda y te llevará a servir a los necesitados.

LA ALEGRÍA DEL EVANGELIO

Has terminado una etapa importante en tu vida. Has invitado a Jesús a compartir el camino de tu vida. Sabes lo que has recibido, pero no sabes hacia dónde te llevará el Espíritu Santo en la amistad con Cristo, el amigo que nunca falla.

Te preguntas muchas cosas y quieres seguir creciendo en estos momentos, sabiendo que la fe alienta nuestra vida, la esperanza nos hace vivir con alegría el encuentro con Jesús y la caridad, el amor, nos lleva a vivir "el día después", sabiendo que no podemos vivir con angustia, pues la mayoría de los sufrimientos de nuestra vida, pensando en el futuro, son por cosas que luego nunca suceden.

Te animo a confiar en el día después de tu confirmación. Este libro quiere ser, una guía de ruta hacia una vida más plena y feliz.

Dios no es el aguafiestas de la vida, es la fiesta que nunca acaba. Siempre repito y lo has oído muchas veces las claves para ser cristiano:

1. No podemos ser cristianos sin Cristo.
2. No podemos ser cristianos sin la Iglesia, Madre y Maestra, familia de Dios.
3. No podemos ser cristianos viviendo sin amar, y la mayor expresión del amor es el perdón.

DECÁLOGO PARA EL DÍA DESPUÉS
(10 palabras claves)

No se puede ser cristiano
  sin Cristo

1. Dios Padre.
2. Dios Hijo.
3. Dios Espíritu Santo.

No se puede ser cristiano
  sin la Iglesia

4. Iglesia.
5. Eucaristía.

No se puede ser cristiano
  sin un amor que no se haga perdón

6. Perdón.
7. Amor.
8. Compartir.
9. Oración.
10. Comunidad.

I. NO SE PUEDE SER CRISTIANO SIN CRISTO

No se puede ser cristiano
sin Jesús. Se puede ser cristiano
siendo de distinto color,
con salud o sin ella, con más
o menos belleza, perfecto
o imperfecto, pero NO SE PUEDE
SER CRISTIANO SIN CRISTO

DÓNDE PONER EL CORAZÓN.
LO QUE NUNCA CAMBIA

Un joven visitaba a un anciano monje, que vivía en un monasterio en el desierto. Le preguntó por qué venían muchos jóvenes al desierto queriendo consagrar su vida a Dios y perseverar y, en cambio, había jóvenes que se cansaban pronto.

El viejo monje le miró a los ojos y le respondió: Mira, con esto ocurre como sucede en las cacerías. Salen muchos galgos a cazar la liebre. Todos los perros corren, buscan sin saber dónde está el objetivo. De pronto, un galgo hace saltar la liebre y, poco a poco, si pudiéramos verlo desde un monte, se ve el espectáculo de galgos corriendo hacia la liebre. La experiencia dice que sólo corren y llegan a la liebre los que tienen puestos sus ojos en el animal. Los que no corren poniendo su mirada y su corazón en la liebre, acaban quedándose en las cunetas de los caminos. El cansancio del esfuerzo, el no ver claro hacia dónde corren, las dificultades... les hace no seguir.

Sólo alcanzan el objetivo los que ponen sus ojos y su corazón en el ideal hacia donde corren. Poner los ojos en Cristo, en estos momentos te hace que sigas en tu parroquia, en tu grupo, en tu vida cristiana.

Padre mío,
me abandono a Ti.
Haz de mí lo que quieras.

Lo que hagas de mí te lo agradezco,
estoy dispuesto a todo,
Lo acepto todo.
Con tal que Tu voluntad se haga en mí
y en todas tus criaturas,
no deseo nada más, Dios mío.

Pongo mi vida en Tus manos.
Te la doy, Dios mío,
con todo el amor de mi corazón,
porque te amo,
y porque para mí amarte es darme,
entregarme en Tus manos sin medida,
con infinita confianza,
porque Tu eres mi Padre. Amén.

VENID A MÍ TODOS LOS QUE ESTÁIS CANSADOS Y AGOBIADOS Y YO OS ALIVIARÉ

¿Cómo te encuentras en estos momentos? ¿Te ha ido bien en tu proceso de formación? ¿Tu experiencia ha sido buena, te animó a seguir?

Después de tu experiencia de estos años de catequesis, de haber recibido el don de la fe que has cultivado, del sacramento que acabas de recibir, desde el lugar que te has situado ahora, te invito a seguir mirando al Corazón de Cristo y, desde Él, mirar a cada persona que está a tu lado y que te ayude a salir al encuentro de los demás.

Cuando llamamos a Dios Padre, Él responde: ¿Dónde están tus hermanos? ¿Estás cansado y agobiado? Merece la pena seguir caminando con Cristo, de esta manera la vida será "otra cosa", vivirás, no sobrevivirás.

Jesús te invita a volver una y otra vez a una amistad que te dice: "Venid a mí todos los que estáis cansados y agobiados y yo os aliviaré". Sigue viviendo las dos claves que te he insistido en la celebración de tu confirmación, que reces todos los días y trabajes por la paz, siempre tan escasa en nuestro planeta.

PADRE

*"Tanto amó Dios al mundo, que le entregó
a su propio Hijo" (Juan 3, 16)*

Decía un canto: "Dios es mi Padre, qué feliz soy, soy hijo suyo, hijo de Dios".

Ser cristiano es estar abierto con su gracia para vivir con la confianza de que somos hijos del Padre Dios y que estamos llamados a formar un mundo de hermanos. Así nos lo repite el Papa Francisco en su encíclica "Fratelli tutti", todos somos hermanos para construir otro mundo que es posible con Jesús. Tenemos que construirlo como hijos de Dios, nacidos del mismo Padre Creador, para que no se instale en el mundo la cultura de la muerte, sino la cultura de la vida, del compartir, del servicio a los que sufren y a los necesitados, de sembrar nuestra tierra de la alegría del Evangelio, luchando por la justicia.

El Padre es un nombre que nos evoca la alegría de ser y vivir como hijos que en sus manos nos acurrucamos, para protegernos de las tormentas y las dificultades de la vida.

Esta oración de un santo, el P. Carlos de Foucauld, te puede ayudar en los momentos difíciles:

JESÚS, LO MEJOR DE LA VIDA

¿Y vosotros quien decís que soy yo?
Pedro tomó la palabra y dijo "Tú eres el hijo de Dios Vivo" (Mt. 16, 15-16)

Jesús es el amigo que nunca falla. Si hasta estos momentos no te ha fallado, no te fallará nunca. Puede ser que muchas cosas no te vayan bien. Incluso desde tu fe, te has enfadado con Jesús y le has puesto contra la pared. Le has preguntado ante la muerte de un ser querido, por la enfermedad, el hambre, el paro, la soledad, el ¿por qué? Pero sabemos que Dios escribe derecho con renglones torcidos, pues como dice san Pablo, para los que aman a Dios, todo les sirve para su bien. Perderse a Jesús es perderse lo mejor de la vida. Por eso todo lo que debes seguir haciendo es conocerlo con la oración y formarte siempre más y mejor para dar razones de nuestra esperanza. A Jesús se le puede preguntar el por qué y Él responderá el para qué y lo entenderemos más tarde.

Me ocurrió en Valladolid. Fui al hospital, donde una familia con sus hijos me pidió que administrase el sacramento de la unción de enfermos a un adolescente. Después de estar un rato con ellos y administrado el sacramento, su padre me acompañó hasta la puerta. En un momento perdió los papeles y me dijo: "¿Por qué? Usted que es sacerdote, que es creyente, ¿qué me responde? Mi hijo es un chico excepcional". No sabía que responder y con mucho cariño le dije: "Mire usted, es verdad que con Dios hay muchas cosas que no entendemos, pero sin Dios no entendemos nada".

ESPÍRITU SANTO, VERDADERA VIDA

El Espíritu, tiene una "manía", formar en nosotros a Cristo y que seamos inmensamente felices.

Cuando el Espíritu desciende en el seno purísimo de la Virgen, nace Jesús, por obra y gracia del Espíritu Santo. Cuando desciende sobre el cenáculo, donde los Apóstoles oran reunidos con María, nace el Cuerpo de Cristo que es la Iglesia. Después de tu Confirmación y este tiempo de catequesis, con la celebración del sacramento, debes seguir profundizando en el amor de Dios que no se puede, ni se debe echar de nuestra vida en la práctica. Es demasiado peligroso vivir sin Dios. Es el Espíritu, Señor y dador de vida, el que nos lleva a vivir una vida nueva con los sentimientos del Corazón de Cristo.

Es necesario descubrir que nada ni nadie, nos podrá arrebatar el amor de Cristo, ni la angustia, ni el dolor ni la muerte… en todo vencemos fácilmente por aquél que nos ha amado. Te regalo esta oración de Santa Teresa de Calcuta:

Dios ama a quien da con alegría.
La mejor forma de mostrar nuestra gratitud
hacia Dios y la gente
es aceptar todo con alegría.

Ser feliz con él, ahora,
Esto quiere decir: amar como Él ama,
ayudar como Él ayuda, dar como
Él da, servir como Él sirve,
Salvar como Él salva, estar con Él 24 horas al día,
Tocarlo con Su disfraz de pobre en los pobres
y en los que sufren.
Un corazón alegre es el resultado normal
de un corazón ardiente de amor.
Es el don del Espíritu, una participación en la alegría
de Jesús que vive en el alma.
Guardemos en nuestros corazones la alegría
del amor de Dios y compartamos
Esta alegría de amarnos los unos a los otros
como él nos ama
A cada uno de nosotros.
Que Dios nos bendiga.
Amén.

II. NO SE PUEDE SER
CRISTIANO SIN LA IGLESIA

La Iglesia que formamos todos los
bautizados, con sus santos y pecadores,
con sus numerosos aciertos y también
con sus fallos, es la que me da a Jesús...
en los sacramentos, en la Palabra, en su
doctrina y vida de santidad...
NO SE PUEDE SER
CRISTIANO SIN LA IGLESIA

IGLESIA, FAMILIA DE DIOS

La Iglesia fundada por Cristo, familia de los bautizados, es Madre y Maestra. Llama a la Iglesia como familia, "recinto" de libertad y de paz, para que todos encuentren en ella un motivo para seguir esperando. La Iglesia, cuerpo de Cristo, pueblo de Dios, que lo formamos todos los bautizados es, porque así lo ha querido Jesús, lugar de encuentro.

Sigue vinculado a tu parroquia, a tu asociación, a tu comunidad, para seguir celebrando tu fe, formándote para crecer y compartir la alegría y el gozo de ser cristianos. Separarse de la Iglesia, de tu grupo, de tu parroquia, es muy peligroso porque te puedes perder y no seguir adelante. Te puedes perder y, a veces, no es fácil volver a casa. Que no sea este tu sentido de la confirmación, tu adiós, sino continuar.

En el Credo decimos "creo en la Iglesia, que es una, santa, satólica y apostólica" y es una Madre y Maestra, en cuyo seno aprendemos y vivimos la vida con Jesucristo resucitado y ser buena noticia para los pobres y los que sufren. Ama a Jesucristo en su Iglesia y al Papa, a sus Pastores.

Vive el gozo de su Iglesia y de seguir en tu parroquia, en tu grupo, rezando juntos, realizando los sacramentos de la penitencia, de la Eucaristía y vive a tope la vida, luchando por servir a todos los "machacados" de la vida.

Hace años hice esta oración que te invito a rezar:

Padre siempre bueno,
gracias por darnos a Jesús
unidos a la Iglesia
una, santa,
porque quiere vivir la comunión de doctrina y de vida,
en Cristo, por Cristo, y porque siempre está
llena de hombres y mujeres santos.
Católica, porque está cimentada sobre los apóstoles
con Jesucristo, el Papa y los Obispos.
Madre de la Iglesia, unida a los jóvenes,
que quieren ser Iglesia abierta y cristianos
en las entrañas del mundo.
Amén.

Eucaristía

Participa, por lo menos todos los domingos y fiestas de guardar, en la Eucaristía, que es la cumbre y el centro de la vida cristiana. Un domingo sin Eucaristía, es un domingo perdido en tu vida. Es celebrar la alegría, con la comunidad, con la parroquia con la familia de los hijos de Dios, el gozo de celebrar, comulga, adora a Cristo "vivo y resucitado". Ofrécete para participar asiduamente en la Eucaristía, colaborando en los cantos, proclamando la Palabra de Dios, acogiendo a los que vienen y creando un clima de familia. Nunca está la parroquia, el templo más bello, que cuando están los chicos y chicas dando ese aire de alegría y fiesta.

Siempre haz tu rato diario de oración delante del sagrario. La Eucaristía, decía san Manuel González, es tomar baños de Eucaristía. Es saber que cuando oramos y adoramos la Eucaristía es como el sol, que sin darnos cuenta nos cambia la piel, pues la Eucaristía cambia el corazón, con el color de la esperanza. Adorar a la Eucaristía es ser libre y no adorar los ídolos de siempre, el dinero, el poder, el propio yo.

No te separes nunca de la Eucaristía, de Jesucristo vivo y resucitado. Vive sembrando la alegría de que has conocido al Amor de los amores. Seguramente que cerca de ti, tienes una Capilla de Adoración Perpetua para dedicar un tiempo, sin prisas, al Señor vivo en la Eucaristía. También, tu parroquia te ofrece esta posibilidad, si no únete desde tu casa al Dios vivo en la Eucaristía. Dedica en tu habitación un "rincón" para orar, una imagen de Jesús, de María, la Palabra de Dios y recógete para unirte al Señor de la vida y la historia. Orar es vivir.

PERDÓN DE LOS PECADOS
(El Sacramento de la alegría)

Recurre, con la frecuencia que necesites, al sacramento del perdón, de la penitencia, de la alegría. Este sacramento, cuando se prepara, nos hace caminar hacia el proyecto de Jesús sobre cada uno, que es la santidad.

La Eucaristía siempre se inicia con el reconocimiento de que somos pecadores, "para participar con fruto en esta celebración, comencemos por reconocer nuestros pecados". Somos pecadores y quien dice que no ha pecado, dice san Pablo, es un mentiroso. Por este sacramento recibimos "el certificado" de que el Padre por su misericordia nos ha perdonado.

Sería bueno que buscases un sacerdote para que te ayude en el camino de tu vida cristiana. Que te acompañe y te escuche en las dificultades del camino de ser cristiano. El confesarse, el celebrar el sacramento de la penitencia, partiendo desde nuestra realidad de pecador, para recibir la alegría del perdón. Si queremos ser cristianos, con el deseo de convertirse cada día, es necesario recibir el sacramento del perdón y tomarnos en serio el ser fieles a los proyectos del Corazón de Cristo. Si te cuesta confesarte, dile al sacerdote que te ayude como decía aquella viejecita al confesor: Padre "sonsáqueme".

Te cuento esta experiencia que me conmovió. Había una mujer mayor, que le decía al párroco que hablaba con Dios todos los días. Un día el párroco le dice, quizá para que le dejara en paz: Si quieres que crea que hablas con Dios "en directo" dile que te cuente mis pecados, que son muchos. La mujer dijo: Vale. Después de muchos meses volvió a la parroquia, el sacerdote le preguntó ¿Que te ha dicho el Señor de mis pecados? Ella contestó que le dijo que no se acordaba de ninguno, pues, cuando Dios perdona, no retiene nada en su memoria. Ya no se acuerda de tus pecados, porque cuando Dios perdona crea una persona nueva y ya no se acuerda de nada.

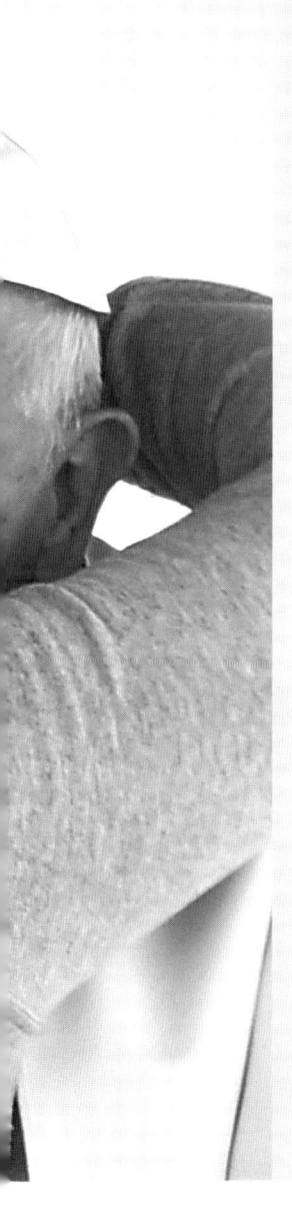

III. NO SE PUEDE SER CRISTIANO SIN UN AMOR QUE NO SE HAGA PERDÓN

Existen hoy en la sociedad muchas ofertas de amores, algunos de ellos de usar y tirar. El verdadero amor cristiano lleva consigo el "amar como Jesús", es decir "hasta el extremo", hasta la reconciliación y el perdón. ¿Te apuntas y atreves, con la gracia de Dios, a este Amor?

AMOR (CARIDAD). CUENTA CONMIGO

La prueba de que mi vida está en sintonía con Jesús, es si vivo el himno a la caridad que San Pablo explica de una manera tan profunda: "El Amor todo lo puede, todo lo cree, todo lo espera, todo lo soporta" (1 Cor, 13).

Para amar hay que conectar con la fuente del Amor. "Dios es Amor y nos ama con un corazón humano".

En estos momentos de tu vida en el que te estas planteando las grandes cuestiones de la vida, qué hacer con ella, dónde quieres servir, te planteas la vocación de vivir a tope la vida.

Vive tu vida para ser feliz con Dios y sirviendo a los demás.

Decía Tagore: "La vida se nos ha dado y la merecemos dándola", por eso proyectamos toda nuestra vida desde el amor, "por Cristo, con Él y en Él", para vivir cumpliendo los proyectos de Jesucristo de edad en edad. Escucha la llamada de Dios, que te muestra un campo de batallas inmenso de necesidades y dile: "Cuenta conmigo".

Todas las vocaciones en la Iglesia son de primera; el sacerdocio, la vida consagrada, el matrimonio, la clave está en discernir lo que Dios quiere para nosotros y, segundo, decirle como María: "Aquí estoy para hacer tu voluntad".

COMPARTIR (HAZME INSTRUMENTO DE TU PAZ)

Tenemos que compartir, que es saber partir-con los hermanos, la alegría, el dolor y los gozos. Viviendo la vida con un abrirse y un participar unidos a una humanidad que vive diariamente inmersa en guerras, terrorismo, marginación, personas sin techo, refugiados, pandemias, enfermedades, paro.

Cuando no se comparte, no se vive con los pies en el suelo y con el corazón en Dios, para sembrar claridades con los hermanos más necesitados de la ternura del Corazón de Cristo.

Todos somos peregrinos, caminantes, y en el camino nos paramos con los hermanos para vivir la alegría de ser y darnos "imitando la generosidad del Señor, compartiendo con los más necesitados". Vivamos toda nuestra existencia con la clave del compartir, del abrirse y ponerse en el lugar del otro, de escuchar a los hermanos cercanos y a los que están lejos.

Me ayudó mucho esta oración que está en la espiritualidad de san Francisco de Asís:

¡Señor, haz de mí un instrumento de tu paz!
Que allí donde haya odio, ponga yo amor;
donde haya ofensa, ponga yo perdón;
donde haya discordia, ponga yo unión;

donde haya error, ponga yo verdad;
donde haya duda, ponga yo fe;
donde haya desesperación, ponga yo esperanza;
donde haya tinieblas, ponga yo luz;
donde haya tristeza, ponga yo alegría.
¡Oh, Maestro!, que no busque yo tanto
ser consolado como consolar;
ser comprendido, como comprender;
ser amado, como amar.
Porque dando es como se recibe;
olvidando, como se encuentra;
perdonando, como se es perdonado;
muriendo, como se resucita a la vida eterna.

ORACIÓN (RESPIRACIÓN DE LA ESPERANZA)

Si quieres vivir la vida en el color de la esperanza y no en el blanco y negro de la amargura, haz oración todos los días. Decía santa Teresa de Jesús que quien reza siempre llega a buen puerto y quien deja la oración se pierde. También san Juan de la Cruz nos advierte que quien se aleja de la oración, se aleja de todo lo bueno.

Recuerdo, a todos y siempre, la necesidad de orar diariamente. Decía Romano Guardini: no sé qué tiene la oración que, siempre que nos ponemos a orar, los enemigos del alma tratan de sacarnos de ella para que no oremos. Cuando nos ponemos a orar surge la tentación de dejarla. No te levantes de la oración si no has terminado el tiempo que la dedicas. Ten devoción al "santo clavo", clavarse delante del Señor hasta que termine el tuyo.

Todos los días un tiempo para orar. Rezar el padrenuestro, laudes y vísperas, rosario, meditar el evangelio. La oración nos devuelve la esperanza. Sería bueno que en el grupo de la parroquia tengas retiros, un día dedicado a la oración y todos los años un tiempo de Ejercicios Espirituales, convivencias, que te van haciendo tomar más en serio la vida cristiana y que nos lanzan a vivir en permanente conversión. Cambiar el corazón para vivir con los sentimientos del Corazón de Cristo. Esta oración es la mejor, porque nos la enseñó Jesús. Rézala despacio y detente en las palabras resaltadas que te sugiero:

Padre nuestro,
que estás en el cielo,
santificado sea tu Nombre;
venga a nosotros tu Reino;
hágase tu voluntad
en la tierra como en el Cielo.

*Danos hoy nuestro **pan de cada día;***
***perdona** nuestras ofensas,*
como también nosotros perdonamos
a los que nos ofenden;
***no nos dejes caer en la tentación**,*
y líbranos del mal.

Amén.

COMUNIDAD (VIVIR EN GRUPO)

Tienes que vivir tu vida cristiana en comunidad, con un grupo de referencia. Apúntate en tu parroquia. Cuando queremos vivir solos la fe, acabamos siendo tragados por la mundanidad. La vida mundana nos acaba apartando de nuestras raíces cristianas, que hemos ido adquiriendo desde pequeños. Vivir con la mentalidad del mundo es no ser plenamente feliz. Seremos más felices si amamos al Señor y a los que Dios nos pone en nuestro camino.

Si queremos mantener el fuego ardiendo de nuestra vida cristiana, es necesario el estar en grupo. Vivir la fe en comunidad. No se puede vivir la fe solos, es demasiado peligroso y no es posible la permanencia. Nos salvamos en racimo, como los racimos de uva, que vienen agrupados. Necesitamos vivir nuestra fe en comunidad, por eso te animo a que sigas o que te apuntes a vivir en grupo tu nueva etapa cristiana. Después de la Confirmación seguir en grupo y continuar en la alegría de ser cristiano. Me consta que existen muchos grupos en la diócesis y que después siguen agrupados en la pastoral juvenil, para ser "sal de la tierra y luz del mundo", testigos de Jesús entre los jóvenes.

Esta oración de la comunidad, la escribí hace años y te puede ayudar, es fruto de mi experiencia en el trato con chicos y chicas:

1. En Comunidad se nos quiere por lo que somos, no por lo que tenemos.

2. Te sentirás acogido y valorado en tus limitaciones y cualidades.

3. Jesús dijo que nos amásemos y nos amasemos.

4. Descubrirás que no estás solo nunca.

5. Compartirás tus dificultades y problemas que son comunes a todos.

6. Cuando tengas ganas de "tirar la toalla", tendrás siempre manos amigas que te ayudarán a superar la crisis.

7. La comunidad cristiana es un grupo de hermanos, hijos del mismo Padre y de la misma Ma-

dre, no somos sólo un grupo de amigos. Esos los puedes tener también fuera.

8. Los hermanos son los que, nacidos en una familia, tienen el Padre y la Madre que les cuida. Los buenos hijos son buenos hermanos, y los malos hermanos no suelen ser buenos hijos, pues hacen sufrir a los padres.

9. En el grupo compartimos la fe orando, la esperanza y la caridad como servicio a los más necesitados. Apúntate al voluntariado de tu parroquia.

10. El grupo, tu comunidad, como familia eclesial, siempre está ahí en "las duras y maduras" porque Jesús está en medio, "donde dos o tres están reunidos en mi nombre, allí estoy yo en medio de ellos" (Mt 18, 20).

La oración es la recuperación
de la esperanza. Es vivir.
Como dice el Papa Francisco,
*es la oración la que hace
fecunda la vida.*

ORACIONES PARA EL DÍA DESPUÉS

1. AVE MARÍA

*Dios te salve María
llena eres de gracia
el Señor es contigo;
bendita tú eres
entre todas las mujeres,
y bendito es el fruto
de tu vientre, Jesús.
Santa María, Madre de Dios,
ruega por nosotros, pecadores,
ahora y en la hora
de nuestra muerte. Amén.*

2. GLORIA

*Gloria al Padre, y al Hijo y al Espíritu Santo.
Como era en el principio, ahora
y siempre, por los siglos de los siglos. Amén*

3. SALVE

*Dios te salve, Reina y Madre de misericordia,
vida, dulzura y esperanza nuestra,
Dios te salve.
A Ti clamamos los desterrados hijos de Eva,*

a Ti suspiramos, gimiendo y llorando
en este valle de lágrimas.
Ea, pues, Señora Abogada Nuestra,
vuelve a nosotros tus ojos misericordiosos,
y, después de este destierro, muéstranos a Jesús,
fruto bendito de tu vientre.
Oh, clemente, oh piadosa, oh dulce Virgen María.

Ruega por nosotros, Santa Madre de Dios,
para que seamos dignos de alcanzar
las promesas de Nuestro Señor Jesucristo.
Amén.

4. ÁNGELUS

V. *El Ángel del Señor anunció a María.*
R. *Y concibió por obra del Espíritu Santo.*
   Dios te salve, María… Santa María…
V. *He aquí la Esclava del Señor.*
R. *Hágase en mí según tu palabra.*
   Dios te salve, María… Santa María…
V. *Y el Verbo se hizo carne.*
R. *Y habitó entre nosotros.*
   Dios te salve, María… Santa María…
V. *Ruega por nosotros, santa Madre de Dios.*
R. *Para que seamos dignos de alcanzar las promesas*
   de Cristo.

Oremos:

Derrama, Señor, tu gracia sobre nosotros, que, por el anuncio del Ángel, hemos conocido la encarnación de tu Hijo, para que lleguemos, por su pasión y su cruz, a la gloria de la resurrección. Por Jesucristo, nuestro Señor.

R. *Amén.*

Gloria al Padre... (3 veces)

5. MISTERIOS DEL ROSARIO

Misterios Gozosos (lunes y sábado)

1. La Encarnación del Hijo de Dios.
2. La Visitación de Nuestra Señora a Santa Isabel.
3. El Nacimiento del Hijo de Dios.
4. La Presentación del Niño Jesús en el templo.
5. La Pérdida del Niño Jesús y su hallazgo en el templo.

Misterios Dolorosos (martes y viernes)

1. La Oración de Nuestro Señor en el Huerto de Getsemaní.
2. La Flagelación del Señor.
3. La Coronación de espinas.
4. El Camino del Monte Calvario cargando la Cruz.
5. La Crucifixión y Muerte de Nuestro Señor.

Misterios Gloriosos (miércoles y domingo)

1. La Resurrección del Señor.
2. La Ascensión del Señor.
3. La Venida del Espíritu Santo.
4. La Asunción de Nuestra Señora a los Cielos.
5. La Coronación de la Santísima Virgen.

Misterios Luminosos (jueves)

1. El Bautismo en el Jordán.
2. La autorrevelación en las bodas de Caná.
3. El anuncio del Reino de Dios invitando
   a la conversión.
4. La Transfiguración.
5. La Institución de la Eucaristía,
   expresión sacramental del misterio pascual.

6. CREDO

Creo en Dios, Padre Todopoderoso,
Creador del cielo y de la tierra.

Creo en Jesucristo, su único Hijo, Nuestro Señor,
que fue concebido por obra y gracia del Espíritu Santo,
nació de Santa María Virgen,
padeció bajo el poder de Poncio Pilato
fue crucificado, muerto y sepultado,
descendió a los infiernos,

al tercer día resucitó de entre los muertos,
subió a los cielos
y está sentado a la derecha de Dios, Padre todopoderoso.
Desde allí ha de venir a juzgar a vivos y muertos.

Creo en el Espíritu Santo,
la santa Iglesia católica,
la comunión de los santos,
el perdón de los pecados,
la resurrección de la carne
y la vida eterna.
Amén.

7. INVOCACIÓN AL ESPÍRITU SANTO

Ven, Espíritu Divino
manda tu luz desde el Cielo.
Padre amoroso del pobre;
don, en tus dones espléndido;
luz que penetra las almas;
fuente del mayor consuelo.

Ven, dulce huésped del alma,
descanso de nuestro esfuerzo,
tregua en el duro trabajo,
brisa en las horas de fuego,
gozo que enjuga las lágrimas
y reconforta en los duelos.

Entra hasta el fondo del alma,
divina luz y enriquécenos.
Mira el vacío del hombre,
si tú le faltas por dentro;
mira el poder del pecado,
cuando no envías tu aliento.

Riega la tierra en sequía,
sana el corazón enfermo,
lava las manchas, infunde
calor de vida en el hielo,
doma el espíritu indómito,
guía al que tuerce el sendero.

Reparte tus siete dones,
según la fe de tus siervos;
por tu bondad y tu gracia,
dale al esfuerzo su mérito;
salva al que busca salvarse
y danos tu gozo eterno. Amén.

8. CONSAGRACIÓN AL CORAZÓN DE JESÚS

Señor Jesucristo, Redentor del género humano, nos dirigimos a tu Sacratísimo Corazón con humildad y confianza, con reverencia y esperanza, con profundo deseo de darte gloria, honor y alabanza.

Señor Jesucristo, Salvador del mundo, te damos las gracias por todo lo que Tú eres y todo lo que Tú haces por la pequeña grey y los doce millones de personas que viven en esta archidiócesis de Delhi, que abarca también a los que han sido confiados para la administración de esta nación.

Señor Jesucristo, Hijo de Dios Vivo, te alabamos por el amor que has revelado a través de tu Sagrado Corazón, que fue traspasado por nosotros y ha llegado a ser fuente de nuestra alegría, manantial de nuestra vida eterna.

Reunidos juntos en tu Nombre, que está por encima de cualquier otro nombre, nos consagramos a tu Sacratísimo Corazón, en el cual habita la plenitud de la verdad y la caridad.

Al consagrarnos a Ti renovamos nuestro ferviente deseo de corresponder con amor a la rica efusión de tu misericordioso y pleno amor.

Señor Jesucristo, Rey de amor y Príncipe de la paz, reina en nuestros corazones y en nuestros hogares. Vence todos los poderes del maligno y llévanos a participar en la victoria de tu Sagrado Corazón. ¡Que todos proclamemos y demos gloria a Ti, al Padre y al Espíritu Santo, único Dios que vive y reina por los siglos de los siglos!

Amén.

San Juan Pablo II

9. OFRECIMIENTO DIARIO

Ven Espíritu Santo
inflama nuestros corazones
en las ansias redentoras del Corazón de Cristo
para que ofrezcamos de veras
nuestras personas y obras en unión con Él
por la redención del mundo

Señor mío y Dios mío Jesucristo,
por el Corazón Inmaculado de María
me consagro a tu Corazón
y me ofrezco contigo al Padre
en tu Santo Sacrificio del altar
con mi oración y mi trabajo,
sufrimientos y alegrías de hoy,
en reparación de nuestros pecados
y para que venga a nosotros tu Reino
Te pido en especial
por el Papa y sus intenciones
por nuestro Obispo y sus intenciones
por nuestro Párroco y sus intenciones

Oh Dios, que en el corazón de tu Hijo,
herido por nuestros pecados,
has depositado infinitos tesoros de caridad;
te pedimos que,

al rendirle el homenaje de nuestro amor,
le ofrezcamos una cumplida reparación.
Por Jesucristo nuestro Señor. Amén.

10. ORACIÓN DE LA MAÑANA

Padre,
gracias por el nuevo día,
que queremos compartir contigo,
para ser sal en la tierra y luz del mundo.
Ayúdanos a compartir
con los hermanos las dificultades de la vida
y sembrar claridades,
en tantos momentos difíciles que nos toca vivir.
Amén.

11. ORACIÓN DE LA TARDE

Jesús, amigo que nunca falla,
en estas horas de la tarde,
quiero darte las gracias por este día,
cuando cae la tarde,
vuelvo siempre a tu corazón,
en las duras y las maduras,
para seguir viendo la paz,
de saber que mi vida,
siempre está en tus manos.
Amén.

12. ORACIÓN DE LA NOCHE

Cuando cae la noche,
y vuelvo a casa,
te doy gracias por tener un techo y una familia,
te pido por los que viven
en la intemperie y en todas las periferias.
Arropados por las estrellas,
Descubro en la noche,
Que Tú eres la Luz, el faro de mi vida.

13. ORAR A MARÍA

Madre, cuando lo estoy pasando mal
acudo a ti,
porque me han dicho que estás súper atenta,
como mujer, madre y amiga.
Cuando no puedo más
ayúdame a salir del túnel,
sabiendo que la luz de Jesucristo no se ha ido
de mi vida.
Amén.

14. ORAR A PIE DESCALZO

Jesús, me acerco a ti,
para pedirte que me ayudes
en esta aventura maravillosa de la fe
que es caminar hacia el Padre,

con los "pies descalzos",
es decir, con la seguridad
que me da saber que soy hijo de Dios
y puedo compartir con los hermanos
el dolor y el gozo.
Amén.

15. ORAR AL COMENZAR EL ESTUDIO

Señor, me cuesta ponerme a estudiar,
me aburro y me atraen otras cosas,
pero quiero descubrir
que "contigo" el estudio es necesario
para una formación más completa
y poder servir mejor a los hermanos.
Amén.

16. ORAR CON DISTRACCIONES

Estoy aquí delante de ti,
invoco al Espíritu Santo y leo la Palabra de Dios,
pero me cuesta meditar,
me distraigo con una mosca.
Déjame decirte en
medio de todo
que "te quiero de verdad".
Amén.

17. ORAR EN LA NATURALEZA

Señor me encanta todo lo creado,
disfruto con los míos, el mar y la nieve en la cumbre.
Soy feliz caminando por el bosque con los amigos.
Te pido por el cuidado de la tierra.
Amén.

18. ORAR EN GRUPO

Nos hemos reunido en tu nombre
para compartir el gozo de ser cristianos
y orar en tu nombre.
Amén.

19. ORAR PARA SER UNO MISMO

Señor,
que comprenda que los errores no se niegan, se asumen;
la tristeza no sólo se llora, se supera,
y el amor no se grita, se demuestra.
Concédeme Señor,
ser fuerte para que nadie me derrote,
ser noble para que nadie me humille,
y ser humilde para que nadie me ofenda.
Te pido, Señor, de Corazón,
que ame tanto a los que pones en mi camino,
que siga siendo cómo tú me soñaste
para seguir en pie sembrando claridades.
Amén.

20. ORAR PARA TENER LA SABIDURIA DE LOS SENCILLOS

Jesús, te pido que me ayudes,
a no seguirte de lejos,
por si te pierdo.
Ni tampoco que te quedes atrás,
porque a veces,
me parece que no puedo más.
Camina a mi lado,
para que sienta la cercanía,
que pueda sentir tu aliento,
que te vea como un Dios cercano.
Amén.

Cada día con Cristo no tiene
comparación, es una fiesta que no
apaga nunca sus luces
y cada día de la semana
es vivir por Él, con Él y en Él.

UNA PEQUEÑA REFLEXIÓN
PARA CADA DIA DE LA SEMANA

Lunes

Todos los días son un regalo de Dios para aprovechar el tiempo, para crecer. Puedo vivir el tiempo como un *cronos,* de aquí viene cronómetro, el paso del tiempo, o como *kairos,* que es el tiempo como momento de Dios en mi vida. El tiempo como lugar de encuentro con la gracia de Dios, aquí y ahora... y os puedo asegurar que se rompe el aburrimiento y la rutina.

Martes

¿Cuáles son mis pensamientos cuando amanece? ¿Qué es lo que siento? ¿Qué me hace inmensamente feliz?
Sólo me pude hacer feliz vivir con el convencimiento de que soy amado por Dios y que puedo amar a las personas que me acompañan en el camino de la vida. Confiar y ponerme en manos de Dios es encontrar la salida a todos los túneles de mi vida.

Miércoles

Estudiar, trabajar, cuando sabemos que, aunque nos cueste, es lo que Dios quiere para mí, para después servir mejor a los hermanos. Es la mejor manera de vivir el día, sabiendo que para amar hay que salir de uno mismo, para ir creciendo por dentro, para servir por fuera.

Jueves

El tiempo pasa, la eternidad se acerca y yo tengo que ser santo, decía san Agustín. Es hermoso vivir, cuando nos damos cuenta de que hay mucho que hacer y que vivir para amar y entregar la vida por la lucha de la justicia y de la paz. No te estanques en la queja, en la amargura de los que no ven nada positivo en lo que vivimos, decía M. Luther King "prefiero los que encienden la luz que los que maldicen la oscuridad. Además, no son felices ni hacen felices a nadie.

Viernes

Cuando nos visita el dolor no estamos en esos momentos para demasiadas consideraciones. Puede en esos momentos desaparecer el consuelo de la Fe. Le preguntamos a Dios el porqué y El, sólo responde el para qué. Saber esperar, como decía el Hermano Rafael, contra todas las adversidades. Es el momento de unirnos al dolor del Crucificado-Resucitado y solidarizarnos con los que sufren.

Sábado

María nos acompaña en la vida y nos ayuda a vivir el encuentro con el Corazón de Cristo. Un día precioso para vivirlo desde la Madre de Dios. Rezar el Rosario que nos ayuda a vivir los misterios de la vida, gozosos, dolorosos, luminosos y gloriosos. Desde los ojos de misericordia de la Virgen, que nos lleva siempre a Jesús. ¿Cómo son los ojos de la Virgen? les preguntaba una catequista a unos niños y después de decirle todos los colores de ojos posibles de la Virgen, negros, azules, verde, les dijo la catequista, eso no importa, lo que sí sabemos es que sus ojos son de misericordia, como decimos en la Salve "vuelve a nosotros esos tus ojos misericordiosos".

Domingo

Hoy es el día del Señor, de la Eucaristía, de la familia, de la comunidad, del descanso. Vive la Eucaristía con tu parroquia y que sea un día verdaderamente de descanso, de vida familiar y de amistad. Que nos ayude a vivir como cristianos en todos los momentos y circunstancias de la vida. Descubre la naturaleza, el cuidado de la tierra, el senderismo, las aventuras de montaña, todo aquello donde hay belleza de verdad nos habla el amor de Dios.

LIBRO RECOMENDADOS

– La Biblia

– "Aprende a orar orando".
  Francisco Cerro Chaves. Monte Carmelo.

– "Cientos de cuentos parábolas para todos".
  Francisco Cerro Chaves. Monte Carmelo.

– "Asombro".
  Francisco Cerro Chaves. Ciudad Nueva.

– "La revolución de la misericordia".
  Francisco Cerro Chaves. Edibesa.

– "Youcat".

– "Queridos jóvenes:
  No se dejen robar la esperanza". Papa Francisco.

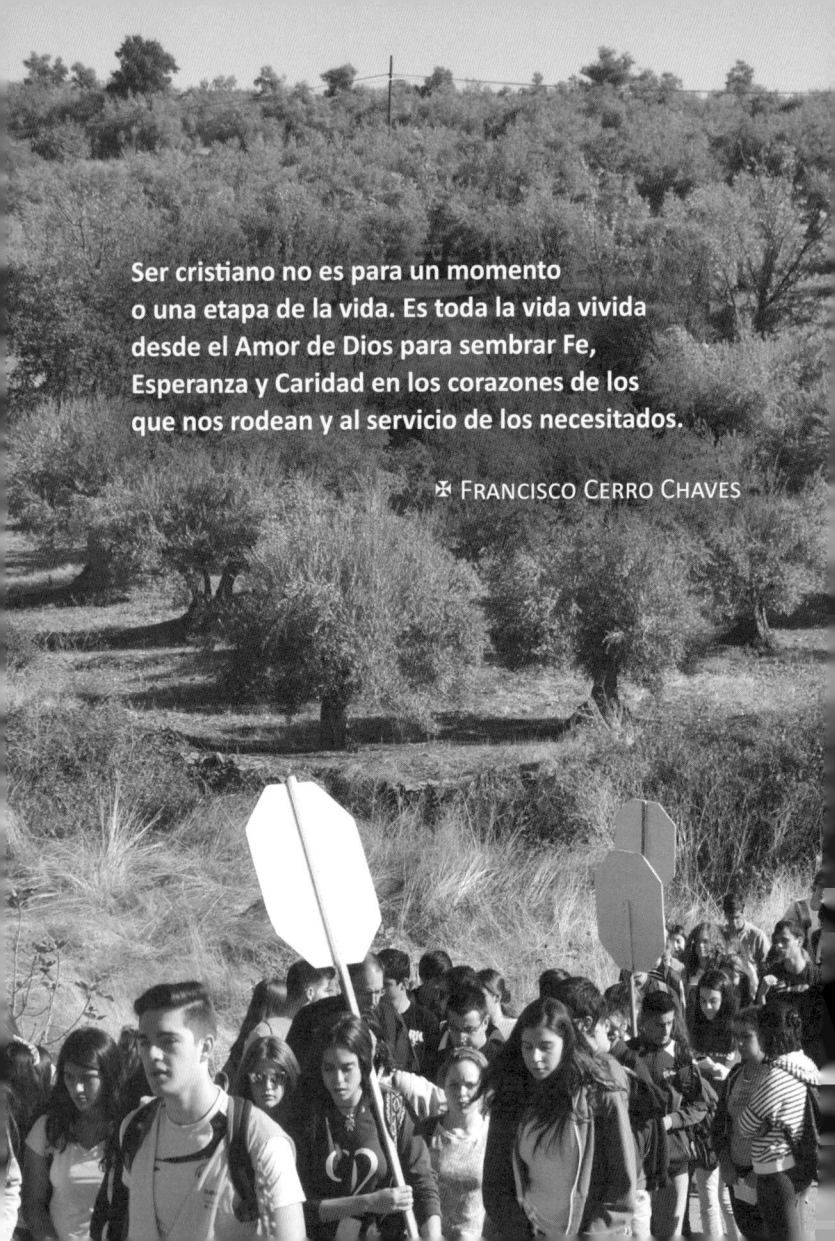

Ser cristiano no es para un momento o una etapa de la vida. Es toda la vida vivida desde el Amor de Dios para sembrar Fe, Esperanza y Caridad en los corazones de los que nos rodean y al servicio de los necesitados.

✠ FRANCISCO CERRO CHAVES

EPÍLOGO

BIENVENIDOS A LA PASTORAL JUVENIL

"No podemos elegir los tiempos en los que nos toca vivir, lo único que podemos hacer es decidir qué hacer con el tiempo que se nos ha dado", con estas palabras se dirige Gandalf el gris al joven Frodo en las Minas de Moria en la película del Señor de los Anillos.

Pues bien querido joven, tras este libro que te ha dedicado nuestro Arzobispo, resuenan sobre ti estas palabras, "decidir qué hacer con el tiempo que se nos ha dado". Ahora te toca a ti elegir cómo orientar tu vida a partir de este momento. De ti depende cómo obrar, si perseverar cuidando el tesoro que has recibido con el sacramento de la Confirmación, o por el contrario, descuidarlo y no apreciar el gran don y gracia que la Iglesia te ha regalado por puro Amor de Dios. Al igual que al joven Frodo, yo te animo a que cuides este tesoro, a que no lo malgastes y que emprendas el camino de la felicidad de la mano del Señor.

Ciertamente, no faltarán peligros, dudas, batallas internas sobre lo que sabes que Dios quiere para ti y lo que el mundo te ofrece..., pero ¿sabes qué? No importa, porque en todo ello, si vas de la mano de Dios saldrás victorioso.

¿Cómo invertir este tiempo que se te ha dado, esta nueva vida que hoy empiezas? Te animo a cuidar cinco sencillas cosas que te ayudarán en este camino: 1) *La Misa*. No abandones nunca la Eucaristía, porque ahí vas a encontrar el alimento para este camino; 2) La *confesión frecuente*. Ciertamente en este camino de santidad podemos tropezar y es aquí donde encontraremos la cura para nuestras heridas; 3) *Dirección espiritual*. Muchas son las voces y tentaciones que encontrarás, por eso ir acompañados de la ayuda de un sacerdote de confianza, al que confías todos los secretos de tu corazón, te ayudarán a encontrar mayor luz en este camino; 4) *Grupo*. Únete al grupo de tu parroquia, y si no lo hay, anima a tus catequistas y sacerdotes a formarlo, porque necesitamos caminar juntos y no aislados en la fe, porque así se vencerán mejor todas las batallas que nos toque afrontar; 5) *Apostolado*. Al igual que la claridad de la luz de una vela se expande cuando de ella se encienden otras, así con tus obras iluminarás al mundo y se expandirá tu propia fe, pues como nos recordaba san Juan Pablo II "la fe crece dándose".

Por todo ello querido joven, te animo a que sigas profundizando en el camino de la fe. No pares ahora. Seguramente tengas la tentación de que todo ha terminado con tu Confirmación, pero no, esto no ha hecho más que empezar. Muchas son las actividades que se te ofrecen desde tu parroquia y desde la Delegación de Pastoral Juvenil. Desde aquí trabajamos por y para ti, estamos disponibles para lo que nos necesites, para recibir tus ideas y que nos ayudes a llegar a muchos más jóvenes. Tú eres el principal motivo de que existamos, por ello nos gustaría contar contigo.

Implícate en tu parroquia, participa de las actividades que tu sacerdote te ofrezca, únete a las distintas iniciativas de la delegación de juventud, del SEPAJU: peregrinaciones, ejercicios espirituales, convivencias... muestra la alegría de ser un joven cristiano, y como nos recuerda el Papa Francisco... "Hagamos lío". Cristo te necesita, la Iglesia te necesita, el mundo más que nunca necesita de tu luz. No apagues la llama que se ha prendido en ti con el sacramento de la Confirmación e ilumina a quienes te rodean. En la Archidiócesis contamos contigo. ¡Ánimo y afronta con decisión este tiempo que te toca vivir!

David Sánchez Ramos
Delegación de Pastoral Juvenil y Universitaria
de la Archidiócesis de Toledo